Une sorcière dans la classe

Paule Brière vit à Montréal avec son conjoint et ses deux filles. Elle a enseigné l'anthropologie avant de bifurquer vers le journalisme et la littérature jeunesse. Depuis une dizaine d'années, elle est directrice de collection et rédactrice en chef de magazines, responsable de l'adaptation québécoise de *Pomme d'Api* et de *J'aime lire*. Elle a publié un ouvrage de psychosociologie pour les jeunes parents et une vingtaine de romans et albums pour enfants et adolescents chez Bayard, Boréal, Flammarion et Les 400 coups.

Danielle Simard a illustré onze des quarante livres qu'elle a écrits pour les jeunes. Elle a aussi illustré dix romans d'autres auteurs. Invitée à visiter des écoles partout au Canada, Danielle a rencontré des milliers de jeunes lecteurs. Parmi eux, plusieurs lui ont parlé avec joie de Priska, Manu et ses amis qu'ils ont connus dans la revue *J'aime lire*.

Dépôt légal : octobre 2005
Loi du 16 juillet 1949 sur les publications destinées à la jeunesse.

Une sorcière dans la classe

Une histoire écrite par Paule Brière
illustrée par Danielle Simard

J'AIME LIRE
BAYARD POCHE

1
La nouvelle

Quand on est entrés en classe, la nouvelle était déjà là. Droite comme une statue, elle regardait les élèves avec de la peur dans les yeux. Je ne savais pas si elle avait peur de nous ou si elle nous faisait peur.

Plutôt que de chahuter comme d'habitude, on s'est tous assis à nos pupitres.

Félix a soufflé :

– Regardez comme ses mains sont sales !

Cendrine a chuchoté :

– Mais non, elles sont tatouées.

À la porte, Suzy, notre maîtresse, parlait avec Mme Leroux. La directrice disait tout bas des mots compliqués, comme *traumatique* ou *karaganda*. J'ai juste compris *cauchemar*, *fuite* et *réfugié*.

Enfin, Mme Leroux s'est adressée à nous :

– Les enfants, je vous présente Priska. Elle vient d'arriver dans notre pays. Elle a vécu des choses difficiles. Quand elle sera prête, elle vous racontera son histoire. Je vous demande de bien l'accueillir.

Le regard de la maîtresse a fait le tour de la classe. Il s'est arrêté sur le pupitre vide à côté de moi, et elle a dit :

– Manu, tu seras le parrain de Priska. Prête-lui tes crayons et réponds à ses questions. Si elle a un problème plus grave, préviens-moi.

Ça m'a inquiété un peu. Quel genre de graves problèmes cette fille pouvait avoir ? J'ai essayé de savoir au moins de quel pays elle venait. Elle n'a pas répondu. Elle n'avait peut-être pas compris. Elle a seulement dit :

– Lé crayon est cassé !

Je l'ai corrigée :

– On dit : « Les crayons *sont* cassés. »

Mais elle parlait du crayon que je lui avais donné.

C'était à cause de son accent. Elle avait un accent aigu qu'elle mettait sur tous les e.

Pour dire « je », elle faisait « jé », pour faire « le », elle disait « lé ». Je lui ai prêté mon taille-crayons, mais elle a répété :

– Lé crayon est cassé !

Puis elle a fait un truc bizarre avec ses mains : elle a touché son front, ses lèvres et elle a tendu les doigts vers moi. J'ai imité cette espèce de signe de croix. C'était peut-être une politesse, chez elle.

Quand j'ai tendu la main, Priska y a vite posé son crayon.

Alors j'ai compris : il n'y avait pas de taille-crayons, dans son pays ! Elle devait venir d'un pays vraiment pauvre...

Priska n'a pas posé une question de toute la journée. Comme si le point d'interrogation n'existait pas dans sa langue. Mais, chaque fois qu'elle faisait son drôle de signe des mains, je me retrouvais à lui rendre un service.

2
Ensorcelé ?

Enfin, la cloche a sonné. J'ai couru retrouver mes amis dans la cour. Mais, à peine dehors, j'ai entendu :

– Cé sac d'école est trop lourd. Jé fatigue !

Elle m'a tendu son sac avec autorité.

Qu'est-ce que mes amis allaient penser ? Je ne voulais pas avoir l'air d'être le serviteur de la nouvelle !

Alors, j'ai inventé :

– Je sais que Suzy veut que je te raccompagne. Mais attends ! Là, je suis occupé : je joue !

Priska a fait son signe des mains, puis elle a planté son sac à mes pieds et elle est partie vers les balançoires.

Cendrine a dit :

– Elle est bizarre... On dirait qu'elle vient du temps des rois et des reines. Elle n'a pas compris qu'on vit dans un pays libre. Il n'y a pas d'esclaves ici !

J'ai répondu :

– Tu exagères ! Je ne suis pas son esclave. Moi, je te dis qu'elle est gentille.

Lucas m'a poussé en riant :

– Et moi, je dis que Manu est amoureux !

Cendrine a ajouté :

– Priska fait de drôles de gestes. Je pense qu'elle te jette des sorts...

Et puis quoi encore ? Je n'allais pas répondre à des bêtises pareilles ! Je préférais marcher avec Priska plutôt qu'avec ces nuls, même si je devais porter un sac sur chaque épaule.

Je ne me suis pas fatigué longtemps. Au coin de la rue, Priska m'a arrêté :

– Ta maison...

Est-ce qu'elle voulait venir chez moi ?

J'ai dit :

– J'habite tout près, au bout de la rue.

Alors elle a joint ses mains devant elle, comme pour prier. Puis elle a repris son sac et elle est partie. Il n'y avait peut-être pas de mot pour dire « merci » dans sa langue...

3
Bientôt Halloween

Le lendemain matin, en classe, Suzy a parlé du concours de déguisements pour Halloween.

– Il y aura des prix spéciaux pour les élèves qui seront assez bien déguisés pour que personne ne les reconnaisse. Alors, gardez votre costume secret.

Soudain, Priska s'est levée, elle a fait son petit signe et elle a demandé :

– Qu'est-ce qué c'est, Halloween ?

Quelle surprise !
Priska venait de poser une vraie question, avec un point d'interrogation à la fin.

Félix a répondu :

– C'est une fête où on passe d'une maison à l'autre pour quêter des bonbons.

Cendrine a ajouté :

– Et des sous pour les enfants des pays pauvres.

Priska n'a pas réagi. Peut-être qu'elle ne venait pas d'un pays si pauvre...

Suzy a profité de l'occasion pour expliquer qu'à l'origine Halloween était la fête des morts. Tout à coup, elle a regardé Priska et elle s'est arrêtée comme si elle venait de dire une bêtise. Est-ce qu'il y avait des morts dans les cauchemars de Priska ?

Lucas ne s'est aperçu de rien. Il a lancé :

– C'est pour ça qu'on se costume en fantômes, en vampires, en monstres...

Cendrine l'a coupé :

– On peut aussi s'habiller en princesse ou en fée.

Les yeux de Priska se sont mis à briller. L'idée des déguisements avait l'air de lui plaire. Allait-elle se changer en monstre ou en fée ?

4
Les espions

Après l'école, Suzy a gardé Priska en classe. Elle m'a dit d'aller jouer avec mes amis.

Quels amis ? Ils n'ont pas arrêté de se moquer de moi et de Priska. En imitant ses gestes, Félix a dit que c'était une sorcière et qu'elle essayait de nous ensorceler.

J'ai crié :

– Les sorcières, ça n'existe pas plus que les Schtroumpfs. Il n'y a que les bébés pour croire à ces histoires-là !

Lucas a répondu :

– Il n'y a que les ignorants pour penser que les sorcières existent juste dans les contes de fées ! Moi, j'ai visité un vrai village de vraies sorcières aux États-Unis. Dans l'ancien temps, elles savaient guérir les gens ou les empoisonner. Même qu'elles ont été brûlées pour ça.

J'ai ri :

– Tu vois, elles sont mortes, tes sorcières ! C'est la preuve qu'elles n'existent plus, en tout cas pas ici.

Alors Félix a dit :

– Mais Priska n'est pas d'ici, justement…

Là, je n'ai rien trouvé à répondre. Je ne savais même pas de quel pays elle venait, Priska. Du pays des cauchemars, peut-être ?

Lucas en a profité pour monter un plan :

– On va la suivre après l'école. Si c'est une sorcière, elle doit vivre dans une maison hantée.

– Hantée par qui ? Par des fantômes ? Tu as sûrement visité aussi un vrai village de vrais fantômes...

Lucas a eu l’air idiot, mais il n’a pas abandonné pour autant :

– Il y a des indices : un balai, un chat noir, une marmite de potion magique…

J’ai ajouté :

– Tu oublies le chapeau pointu et la verrue sur le nez. Franchement, c’est n’importe quoi !

Félix m'a envoyé son coude dans le ventre :

– Voilà notre sorcière !

– On l'espionne ou non ?

Je n'ai pas hésité :

– Oui, on la suit !

Ils voulaient la preuve que la nouvelle était une sorcière, ils auraient le contraire ! On a laissé Priska s'éloigner un peu et, dès qu'elle a tourné le coin de la rue, j'ai donné le signal :

– O.K., les gars, on fonce !

5
Une grand-mère sorcière

On a suivi Priska jusqu'à une vieille maison obscure. Lucas a lancé, fier de lui :

– C'est pas une maison hantée, ça ?

J'ai répondu, sûr de moi :

– C'est une vieille bâtisse, c'est tout. Il n'y a pas de chat, pas de balai, pas de potion.

Soudain, on a entendu des voix, des cris dans une langue inconnue pleine d'accents aigus. Sans doute une dispute. Peut-être même pire ! Et si Priska était en danger ?... On s'est vite approchés.

En passant à travers la haie, j'ai senti un frôlement sur mes jambes.

Félix a soufflé :

– Un chat noir !

J'ai sursauté, mais j'ai réussi à répondre :

– Tout le monde peut avoir un chat, ça ne prouve rien.

Lucas s'est faufilé pour espionner à travers une fenêtre. Je l'ai imité, et j'ai vu Priska. Elle n'arrêtait pas de répéter son espèce de signe de croix. Pour jeter des sorts ou pour se protéger ?

Dans un coin, j'ai aperçu une vieille femme bizarre qui brassait un liquide fumant dans un grand chaudron. On aurait dit une chauve-souris géante ! Est-ce que ça pouvait être sa grand-mère ?

Félix s'est approché à son tour. Dès qu'il a aperçu la vieille, il s'est mis à crier :

– Une sorcière !

La femme s'est précipitée dehors. Ses yeux lançaient des éclairs tandis qu'elle crachait des insultes et des mauvais sorts dans sa langue impossible.

Puis elle a attrapé un balai derrière la porte et elle l'a levé vers nous. Sauve qui peut !

6
À la recherche des fantômes

Le lendemain matin, Priska n'était pas à l'école. Lucas et Félix faisaient les fiers :

– On a chassé la nouvelle et sa sorcière !

Tout le monde rigolait dans la cour. Seule Cendrine les a calmés un peu :

– C'était une blague, l'autre jour, quand j'ai dit que Priska jetait des sorts. Là, vous exagérez. Ce n'est plus drôle.

Moi, je ne savais pas quoi dire. J'étais soulagé que Priska soit absente, mais j'avais un peu honte aussi. J'aurais préféré oublier toute cette histoire.

Justement, c'était Halloween. Ça m'a permis de penser à autre chose. Surtout que j'avais été choisi avec Cendrine pour décorer la classe. Après l'école, les autres sont partis se changer chez eux. Cendrine et moi, on est restés avec la maîtresse.

Soudain, on a entendu des « bouh-hou » : on aurait dit des pleurs de fantôme... Cendrine a regardé par la fenêtre. J'ai jeté un coup d'œil dans le corridor. Il était tout sombre, avec juste une lumière allumée au fond. Suzy a dit :

– Je vais voir.

Dans le corridor, la maîtresse a crié :

– Qui est là ?

On a entendu des voix étouffées. J'aurais voulu aller voir aussi, mais j'étais incapable de bouger.

Suzy est passée prendre son manteau dans la classe et elle a dit :

– Il faut que je sorte. Ne vous inquiétez pas, les autres arrivent, je les ai vus dans la cour.

Puis elle est partie avec le fantôme qu'elle avait trouvé au bout du corridor.

Sauf que ce n'était pas un vrai fantôme, c'était Priska qui était restée cachée à l'école !

J'ai soufflé :

– Suzy s'en va chez les sorcières...

Cendrine s'est impatientée :

– Manu ! Tu ne vas pas t'y mettre, toi aussi, avec ces histoires de sorcellerie ? Je croyais que tu étais l'ami de Priska...

Je lui ai raconté ce qu'on avait découvert à la maison hantée.

Elle a réfléchi avant de répondre :

– Ma grand-mère est toujours en noir, elle passe le balai, elle fait cuire la soupe. Et elle parle créole* ! Tu n'y comprendrais rien. Pourtant, ce n'est pas une sorcière !

Cendrine avait sûrement raison. Priska ne pouvait pas être une sorcière. Je m'étais fait avoir. N'empêche, c'était bien elle qui poussait ces cris de fantôme tout à l'heure...

* Le créole est la langue parlée aux Antilles.

7
Déguisement mystère

Nos amis sont arrivés les uns après les autres. Puis Suzy est revenue, toute seule, avec un drôle de chapeau et des lunettes. La grand-mère de Priska ne l'avait pas changée en dragon.

On a commencé le concours de déguisements. La maîtresse nous a fait asseoir en rond pour que chaque élève présente son costume.

Il y en avait des vraiment beaux : une poule toute en plumes, un sapin de Noël avec des guirlandes, une princesse avec un costume brodé de bijoux. Qui se cachait sous ce voile rose ? Sans doute la fille la plus coquette de la classe !

J'ai reconnu facilement Lucas, qui s'était mis du ketchup partout pour imiter le sang. Il a dit qu'il était un mort vivant ; mais il avait plutôt l'air d'un vieux hamburger ! Et le mousquetaire masqué, j'étais prêt à parier que c'était Félix.

J'ai raconté que j'arrivais de la planète Mars avec mon habit vert fluo. Le hamburger a lancé :

– Dis plutôt la planète des crapauds !

Les autres ont éclaté de rire. Je n'avais pas beaucoup de chances de gagner.

Quand le tour de la princesse est arrivé, le mousquetaire a demandé :

– Tu es Cendrillon ou La Belle au bois dormant ?

Elle a fait celle qui n'a rien entendu et elle a commencé son histoire :

– Dans mon pays d'avant, jé vivais au palais. Puis il y a eu la guerre, avec des fusils partout.

J'ai tout de suite eu l'impression de reconnaître cette voix, avec son accent aigu... Mais ce n'était pas possible ! Comment Priska aurait-elle pu avoir une si belle robe ? Elle venait d'un pays pauvre. À moins que sa grand-mère soit la marraine de Cendrillon...

Mais son histoire n'avait rien à voir avec un conte de fées.

– La nuit, des soldats sont entrés. Jé mé suis cachée, j'ai entendu des cris, des coups, puis plus rien. Ils ont emmené mes parents.

On sentait un grand frisson parcourir la classe, comme quand on se raconte des histoires d'horreur... La princesse continuait :

– Tout à coup, j'ai entendu quelqu'un chuchoter mon nom. C'était ma nourrice, qui s'était cachée aussi. J'ai pu m'enfuir avec elle.

C'était trop. Lucas a reniflé. Cendrine a essuyé ses joues. Moi, j'avais une boule dans la gorge, qui me faisait mal. Je n'arrivais pas à y croire. Si c'était Priska, je voulais bien être changé en crapaud !

La princesse a continué avec une petite révérence :

– Voici mes habits dé cérémonie.

Elle a enlevé son voile, et elle a soufflé :

– Jé né suis pas une sorcière ! Jé suis la princesse Priska dé Karaganda.

8
Changé en prince

Ouf ! Si on avait vu un fantôme, un vrai, ça ne nous aurait pas fait plus d'effet ! Personne n'osait parler. On entendait seulement Priska qui pleurait. Je repensais à nos accusations. Je me sentais tellement bête. Alors, j'ai posé une question un peu nulle à notre maîtresse :

– S'il y a eu la guerre dans son pays, est-ce que Priska est encore une princesse ?

Suzy a expliqué qu'ici Priska était une réfugiée politique*. Mais Priska l'a interrompue :

– Princesse ou réfugiée, cé n'est pas important. Jé suis juste une fille d'ici maintenant !

Puis elle a fait son signe de mains, celui qui voulait dire « s'il vous plaît » dans sa langue. Alors, j'ai dit bien fort :

– O.K., Priska. Tu te changes en fille ordinaire, et moi, je me change en prince !

Lucas a lancé :

– Embrasse-le, Priska, sinon il va rester crapaud toute sa vie !

Ah ! Il n'allait pas recommencer, celui-là...

* Elle est accueillie dans un nouveau pays parce qu'elle fuit la guerre.

Depuis ce soir de Halloween, plus personne ne traite Priska de sorcière. Sauf moi, pour rire, quand elle menace de m'embrasser pour me transformer en prince charmant.

J'AIME LIRE

Les premiers romans à dévorer tout seul

Se faire peur et frissonner de plaisir **Rire et sourire avec**

des personnages insolites **Réfléchir et comprendre la vie de**

tous les jours **Se lancer dans des aventures pleines de**

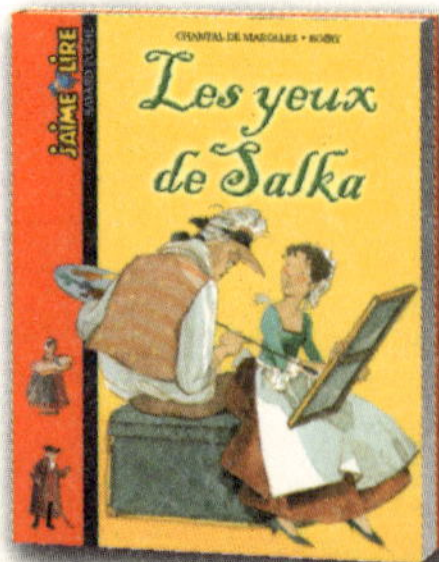

rebondissements **Rêver et voyager dans des univers fabuleux**

Princesse Zélina

Plonge-toi dans les aventures de Zélina,
la princesse espiègle du royaume de Noordévie.

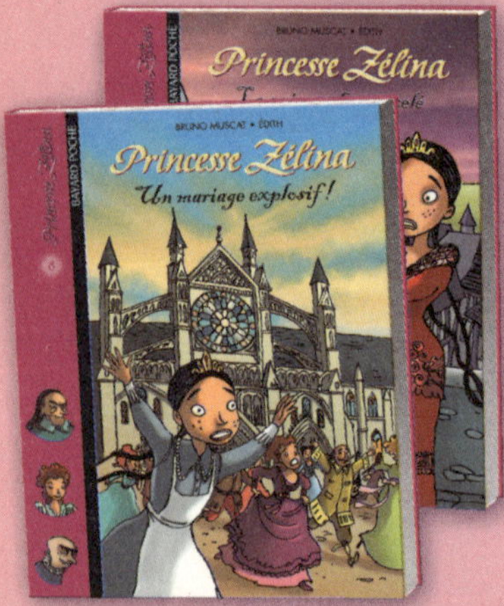

Dévore des romans pleins de rebondissements et découvre l'univers passionnant de l'intrépide princesse.

Un journal intime à partager avec la princesse Zélina. À lire et à compléter.

Retrouve le journal intime de Zélina dans le magazine *Astrapi*.

Tous les 15 jours chez ton marchand de journaux ou par abonnement.